dtv

Das Lebenswerk Khalil Gibrans, des bedeutenden Brückenbauers zwischen östlicher Mystik und westlichem Denken, birgt nahezu unerschöpfliche Quellen der Weisheit und Inspiration. Die hier versammelten Gleichnisse und Parabeln, Gedichte und Aphorismen vermitteln seine tiefen Einsichten in die Liebe, das Leben, die Weisheit der Natur und die Geheimnisse der Schöpfung. Sie offenbaren auch die ausgeprägte melancholische Seite des Poeten, die ihn die vielen Aspekte des Daseins besonders intensiv durchleben ließ. Gerade die Vielschichtigkeit seiner Persönlichkeit macht Khalil Gibran so faszinierend für uns heute und lädt zu immer neuen Entdeckungsreisen in sein Werk ein. Auf wunderbar poetische und tiefgründige Weise lässt er die zahlreichen Facetten unseres komplexen Lebens aufscheinen, spendet dabei Inspiration und Trost, Erkenntnis und zeitloses Verstehen.

Khalil Gibran (1883–1931), Dichter, Philosoph und Künstler, wurde im Libanon geboren und emigrierte in jungen Jahren in die USA. Sein Lebenswerk galt der Versöhnung der westlichen und arabischen Welt. 1923 erschien sein berühmtestes Werk, ›Der Prophet‹, das weltweit zu einem Kultbuch avancierte.

Bettina Lemke, geboren 1966, lebt als Übersetzerin und freie Lektorin in der Nähe von München.

Khalil Gibran
Der Gesang des Propheten

Herausgegeben von
Bettina Lemke

Ins Deutsche übertragen von
Giovanni und Ditte Bandini

Deutscher Taschenbuch Verlag

Von Khalil Gibran
sind im Deutschen Taschenbuch Verlag erschienen:

Der Prophet (34067)
Der Traum des Propheten (34144)
Der Prophet
(mit Kalligraphien von Hassan Massoudy, 36261)

Deutsche Erstausgabe
Dezember 2007
Deutscher Taschenbuch Verlag GmbH & Co. KG,
München
www.dtv.de

Umschlagkonzept: Balk & Brumshagen
Umschlagfoto: Corbis/zefa/José Fuste Raga
Satz: Fotosatz Amann, Aichstetten
Gesetzt aus der Hiroshige von Linotype
Druck und Bindung: Druckerei C. H. Beck, Nördlingen
Gedruckt auf säurefreiem, chlorfrei gebleichtem Papier
Printed in Germany
ISBN 978-3-423-34451-7

Inhalt

Vom Zauber des Lebens

Die Frau, die meinem Herzen lieb war

Gestern saß die Frau, die meinem Herzen lieb war, in diesem stillen und einsamen Zimmer.

Gestern legte sie ihr liebliches Haupt auf diese zart geblümten Kissen. Aus diesem kristallenen Becher trank sie einen Mund voll Wein, vermischt mit einem Tropfen Parfüm.

All das war gestern. Gestern ist ein Traum, der nimmer wiederkehren wird. Heute ist die Frau, die meinem Herzen lieb war, in ein leeres, ödes, fernes Land gezogen, das man das Land der Leere und des Vergessens heißt.

Die Spuren ihrer Finger sind noch immer auf dem Glas meines Spiegels sichtbar. Der Wohlgeruch ihres Atems durchduftet noch immer die Falten meines Gewandes. Das Echo ihrer Stimme schwingt noch immer in den Winkeln meines Hauses. Doch die Frau selbst – die Frau, die meinem Herzen lieb war – ist an einen fernen Ort gereist, den man das Tal der Verbannung und des Nichtgedenkens nennt. Die Spuren ihrer Finger, der Wohlgeruch ihres Atems, die Phantome ihres Geistes werden sich bis morgen früh in diesem Zimmer halten. Dann werde ich die Fenster meines Hauses öffnen, dass Ströme von Luft alles hinwegfegen, was diese schöne Zauberin für mich zurückgelassen hat.

Das Bildnis der Frau, die meinem Herzen lieb war, hängt noch immer neben meinem Bett. Die Liebesbriefe, die ich von ihr empfing, liegen noch immer in dem Silberkästchen mit den Intarsien aus Korallen und Achat. Die Locke Goldhaar, die sie mir einmal schenkte, liegt noch immer in dem Seidenbeutel voll Moschus und Weihrauch. All diese Dinge werden bis zum Morgen an ihrem Ort verbleiben. Wenn der Tag dann dämmert, werde ich die Fenster meines Hauses öffnen, dass die Luft die Dunkelheit des Nichtseins fortträgt zu einem Ort, wo stummes Schweigen wohnt.

Die Frau, die meinem Herzen lieb war, gleicht den Frauen, die ihr jungen Männer liebt. Ein erstaunliches Geschöpf ist sie, gebildet von den Göttern aus der Sanftmut der Taube, der Flatterhaftigkeit der Espe, dem Stolz des Pfaus, der Grausamkeit des Wolfs, der Schönheit der weißen Rose, dem Schrecken der dunklen Nacht, vermischt mit einer Hand voll Asche und dem Schaum der See.

Ich hatte sie als Kind gekannt, die Frau, die meinem Herzen lieb war. Ich lief hinter ihr her über die Felder und hing an ihren Röcken auf den Straßen.

Ich kannte sie als Jüngling. Ich sah ihr Antlitz auf den Seiten von Büchern und Traktaten. Ich sah die Umrisse ihres Leibes zwischen den Wolken des Himmels und hörte das Lied ihrer Stimme aus den murmelnden Bächen aufsteigen.

Ich kannte sie, als ich ein Mann war. Ich saß bei ihr und

sprach mit ihr und stellte ihr Fragen. Ich kam zu ihr und klagte ihr die Qualen meines Herzens, verriet ihr die Geheimnisse meines Geistes.

All das war gestern. Gestern ist ein Traum, der nimmer wiederkehren wird. Heute aber zog diese Frau in ein fernes Land, unfruchtbar, öd und kalt, das man das Land der Leere und des Vergessens heißt.

Der Name der Frau, die meinem Herzen lieb war, ist: das Leben.

Das Leben ist eine Frau, eine schöne Zauberin, die unser Herz verführt, unseren Geist betört, unser Dasein mit Versprechen überflutet. Ist sie verstimmt, tötet sie die Geduld in uns. Ist sie uns treu, ruft sie in uns die Langeweile wach.

Das Leben ist eine Frau, gebadet in den Tränen ihrer Liebhaber und mit dem Blut derjenigen gesalbt, die sie tötet.

Das Leben ist eine Frau, gewandet in das weiße Kleid des Tages, das ausgeschlagen mit dem Schwarz der Nacht ist.

Das Leben ist eine Frau, die das Herz des Menschen mit Vergnügen zum Geliebten nimmt, doch es als Ehemann verschmäht.

Das Leben ist eine Hure, doch sie ist schön. Jeder, der ihr Hurentum erkennt, verachtet ihre Schönheit.

Gestern, heute und morgen

Ich sprach zu meinem Freund: »Du siehst, wie sie sich an den Arm jenes Mannes hängt. Erst gestern hing sie so an meinem Arm.«

Und mein Freund sagte: »Und morgen wird sie so an meinem hängen.«

Ich sagte: »Sieh nur, wie dicht sie bei ihm sitzt. Erst gestern saß sie so dicht neben mir.«

Und er entgegnete: »Morgen wird sie neben mir so sitzen.«

Ich sagte: »Schau, sie trinkt aus seinem Becher Wein, und gestern trank sie noch aus meinem.«

Und er: »Morgen aus meinem Becher.«

Dann sagte ich: »Schau, wie sie ihn voller Liebe und mit schmachtenden Augen anblickt. Gestern blickte sie noch mich so an.«

Und mein Freund sagte: »Morgen werde ich es sein, den sie so anblickt.«

Ich sagte: »Hörst du sie jetzt Liebeslieder ihm ins Ohr flüstern? Dieselben Liebeslieder flüsterte sie erst gestern mir ins Ohr.«

Und mein Freund sagte: »Und morgen flüstert sie sie mir zu.«

Ich sagte: »Nun sieh doch, sie umarmt ihn. Erst gestern noch, da hat sie mich umarmt.«

Und mein Freund sagte: »Morgen wird sie mich umarmen.«

Da sagte ich: »Welch eine wunderliche Frau!«

Doch er erwiderte: »Sie gleicht dem Leben, das jedermann besitzt; und wie dem Tod fällt jedermann ihr zu; und wie die Ewigkeit hält jeden sie umfangen.«

Wenn die Hand des Lebens schwer ist

Wenn die Hand des Lebens schwer ist und ohne Lied die Nacht, dann ist es Zeit für Liebe und Vertrauen. Und wie leicht wird doch die Hand des Lebens, wie voll Gesang die Nacht, sobald man alles liebt, allem vertraut!

Geheimnisse des Herzens

Gesang der Seele

In der Tiefe meiner Seele schlummert ein wortloses Lied,
ein Lied, das im Keim meines Herzens lebt.
Es weigert sich, auf Pergament mit Tinte zu verschmelzen.
Es umfängt meine Liebe wie ein zarter Schleier
und fließt, doch nicht auf meine Lippen.

Wie kann ich's seufzen?
Ich fürchte, es könnt sich mit irdischem Äther vermengen.
Wem soll ich es singen?
Es wohnt im Haus meiner Seele
und fürchtet strenge Ohren.

Wenn ich in meine innren Augen schaue,
seh ich den Schatten seines Schattens.
Berühre ich meine Fingerspitzen,
spüre ich seine Schwingungen.

Die Werke meiner Hände bezeugen seine Gegenwart,
so wie ein See den Sternenhimmel spiegeln muss.
Meine Tränen offenbaren's, so
wie helle Tautropfen das Geheimnis einer welkenden Rose.

Es ist ein Lied,
  von der Andacht gedichtet
  und vom Schweigen zum Tönen gebracht;
  vom Lärm gemieden,
  von der Wahrheit bezwungen
  und von Träumen wiederholt;
  von der Liebe begriffen,
  vom Erwachen verhüllt
  und von der Seele gesungen.

Es ist das Lied der Liebe.
Welcher Kain, welcher Esau könnt es singen?

Es duftet lieblicher denn Jasmin.
Welche Stimme könnte es unterjochen?

Es ist ans Herz gekettet, wie das Geheimnis einer Jungfrau.
Welche Saite ließe es je erzittern?

Wer wagt es und vereint das Donnern der See
mit dem Schluchzen der Nachtigall?
Wer wagt's und vergleicht das Kreischen des Orkans
mit eines Säuglings Seufzer?
Wer wagt's und spricht die Worte aus,
die auszusprechen nur das Herz befugt ist?
Welcher Mensch wagt's, Stimme zu leihen
Gottes Gesang?

Frühling Komm, meine Liebste; lass uns wandeln zwischen den Hügeln, denn der Schnee ist Wasser, und das Leben lebt auf aus seinem Schlummer und durchschweift Berg und Tal. Lass uns des Frühlings Spuren folgen in die fernen Felder und die Gipfel ersteigen und dort, hoch über den frischen, grünen Ebenen, Erleuchtung empfangen.

Die Frühlings-Morgenröte hat, ihres winterklammen Kleides entledigt, sich über Pfirsich- und Zitrusbäumen ausgebreitet; wie Bräute sehen sie jetzt aus in der festlichen Kedre-Nacht. Die jungen Rebenranken umschlingen einander wie Verliebte, und die überschäumenden Bäche tanzen zwischen den Felsen und singen das Freudenlied nach; und die Blumen sprießen plötzlich aus dem Herzen der Natur, wie Gischt aus dem reichen Herzen der See.

Komm, meine Liebste; lass uns des Winters letzte Tränen aus den Lilienkelchen trinken und unsre Seelen kühlen im perlenden Sturzbach von Vogelgesang und uns freudetrunken in der berauschenden Brise ergehen. Komm, setzen wir uns bei jenem Felsen dort, wo Veilchen sich verbergen; lass uns wie sie in der Süße der Küsse schwelgen.

Sommer Lass uns aufs Feld gehen, meine Liebste, denn die Zeit der Ernte naht, und die Augen der Sonne bringen das Korn zur Reife. Lass uns die Frucht der Erde hegen, gleichwie der Geist die Ähren der Freude aus den Samen der Liebe nährt, die tief in unsere Herzen gesät.

Lass uns unsre Truhen füllen mit den Gaben der Natur, so wie das Leben das Gut unserer Herzen überreich füllt mit seinem endlosen Überfluss. Lass uns die Blumen zu unsrem Lager machen und den Himmel zu unserer Decke und unsre Köpfe nebeneinander legen auf Kissen weichen Heus. Lass uns ruhen nach des Tages Mühsal und lauschen dem erregenden Murmeln des Bachs.

Herbst Lass uns in den Weinberg gehen und Trauben lesen für die Kelter und den Wein in alte Krüge füllen, so wie der Geist das Wissen früherer Zeiten in ewigen Gefäßen aufbewahrt.

Lass uns heimgehen, denn der Wind hat das gelbe Laub herabgeweht und mit ihm den welkenden Blumen, die flüsternd dem Sommer nachweinen, ein Grabtuch bereitet. Komm nach Haus, mein ewiges Liebchen, denn die Vögel sind zur Wärme gepilgert, und die frierenden Steppen kosten die Leiden der Einsamkeit. Myrte und Jasmin haben schon keine Tränen mehr.

Ziehn wir uns zurück, denn der erschöpfte Bach singt nun nicht mehr; und vom vielen Weinen ermattet, sprudeln die Quellen kaum noch; und die umsichtigen alten Hügel haben ihre bunten Gewänder weggepackt. Komm, meine Liebste; rechtschaffen müde ist die Natur, und sie entbietet ihrem Überschwang mit still-zufriedener Melodie ein Lebewohl.

Winter Komm her zu mir, Gefährtin meines erfüllten Lebens; komm her zu mir, ganz nah, dass sich des Winters Hand nicht dränge zwischen uns. Sitz neben mir beim Herdstein, denn das Feuer ist des Winters einzige Frucht. Erzähl mir von der Glorie deines Herzens, denn sie ist stärker als die wilden Elemente draußen vor unsrer Tür.

Versperr die Tür und dichte alle Fenster ab, denn die zornige Miene des Himmels drückt meinen Geist nieder, und das Antlitz unsrer verschneiten Äcker lässt meine Seele weinen. Füll die Lampe mit Öl, lass sie hell aufleuchten, und stell sie vor dich hin, damit ich unter Tränen lesen kann, was dein Leben mit mir in dein Gesicht geschrieben. Hol uns den Wein des Herbstes. Lass uns trinken und singen zum Gedächtnis der sorglosen Aussaat zur Frühlingszeit, der achtsamen Hege des Sommers und des Herbstes Lohn in der Ernte.

Komm her, ganz nah, Geliebte meiner Seele; die Glut erkaltet und flieht unter die Asche. Halt mich ganz fest, denn die Einsamkeit macht mir Angst; die Lampe blakt und der Wein, den wir gekeltert, schließt uns nach und nach die Augen. Sehen wir uns an, bevor sie vollends zu sind.

Nimm mich in deine Arme und halt mich fest; dann mag der Schlaf unsere Seelen wie eine einzige umfangen. Küss mich, Geliebte, denn der Winter raubte uns alles außer unsren Lippen. Du bist ganz nah bei mir, mein Ewig. Wie tief und weit wird Schlafes Ozean sein, und wie kurz ist's her, dass uns der Morgen weckte!

Ich saß bei einer, die meinem Herzen lieb ist

Ich saß bei einer, die meinem Herzen lieb ist, und lauschte ihren Worten. Meine Seele begann in den unendlichen Räumen zu schweifen, wo das Weltall wie ein Traum erschien und der Körper wie ein enger Kerker.

Die bestrickende Stimme meiner Geliebten drang in mein Herz.

Das ist Musik, o Freunde, denn ich vernahm sie durch die Seufzer derer, die ich liebte, und durch die Worte, halb geformt von ihren Lippen.

Mit den Augen meines Gehörs sah ich das Herz der Geliebten.

Gesang der Liebe

Ich bin die Augen des Liebenden und des Geistes
Wein und des Herzens Nahrung.
Eine Rose bin ich. Mein Herz geht auf am Morgen, und
Die Jungfrau küsst mich und legt mich
An ihre Brust.

Ich bin das Haus des wahren Glücks und der
Ursprung der Freude und der Anfang
Von Ruhe und Frieden. Ich bin das sanfte
Lächeln auf seinen Lippen der Schönheit. Wenn Jugend

Mich übermannt, vergisst er seine Mühsal, und sein
Ganzes Leben wird zur Wirklichkeit
süßer Träume.

Ich bin des Dichters Rausch
Und des Künstlers Offenbarung
Und des Musikers Inspiration.

Ich bin ein Heiligtum im Herzen eines
Kindes, von einer barmherzigen Mutter angebetet.

Ich erscheine auf eines Herzens Ruf hin; ich verschmähe
Forderungen;
Meine Fülle gilt der Befriedigung des Herzens;
Sie flieht die leeren Behauptungen der Stimme.

Ich erschien Adam durch Eva,
Und Verbannung war sein Los;
Doch offenbarte ich mich auch Salomo, und
Er schöpfte Weisheit aus meiner Gegenwart.

Ich lächelte Helena zu, und sie zerstörte Troja;
Doch krönte ich Kleopatra, und Frieden herrschte über
Dem Niltal.

Ich gleiche der Zeit – baue heute,
Um morgen einzureißen;
Ich gleiche einem Gott, der erschafft und zerstört;

Ich bin süßer als ein Veilchen-Seufzer;
Wilder bin ich als ein tobender Orkan.

Gaben allein verführen mich nicht;
Trennung entmutigt mich nicht;
Armut schreckt mich nicht;
Eifersucht zeugt nicht von meiner Bewusstheit;
Wahnsinn beweist nicht meine Gegenwart.

O Suchende,
Ich bin die Wahrheit, die die Wahrheit anfleht,
Und die Wahrhaftigkeit des Suchens und Empfangens
Und Hegens, so ihr sie mir zeigt, wird bestimmen
Über mein Verhalten.

Maria Magdalena
Als sie Jesus zum ersten Mal begegnete

Es war im Monat Juni, als ich ihn zum ersten Male sah. Er ging durch das Weizenfeld, als ich mit meinen Mägden an ihm vorbeikam, und er war allein.

Der Rhythmus seiner Schritte unterschied sich von dem andrer Männer, und die Bewegung seines Körpers ähnelte nichts, was ich bis da gesehen hatte.

Männer schreiten nicht so über die Erde. Und noch heute weiß ich nicht, ob er schnell oder langsam ging.

Meine Mägde deuteten auf ihn und flüsterten scheu untereinander. Und ich zügelte einen Moment lang meinen Schritt und hob die Hand zum Gruß. Er aber wandte sich nicht um und sah mich nicht an. Und ich hasste ihn. Ich wurde in mich selbst zurückgeworfen und mir war kalt, als hätte ich lange Zeit im Schnee gelegen. Und ich fröstelte.

In jener Nacht sah ich ihn im Traum; später erfuhr ich, dass ich im Schlaf geschrien hatte und mich rastlos auf meinem Lager gewälzt.

Es war August, als ich ihn wiedersah, dieses Mal aus meinem Fenster. Er saß im Schatten des Zypressenbaums, meinem Garten gegenüber, und er saß so regungslos, als wäre er aus Stein gemeißelt, wie die Bildsäulen in Antiochia und anderen Städten des Nordlands.

Und meine Sklavin, die Ägypterin, kam zu mir und sagte: »Dieser Mann ist wieder da. Er sitzt dort, deinem Garten gegenüber.«

Und ich starrte ihn an, und meine Seele erbebte, denn er war schön.

Sein Leib war einzig, und jeder Teil schien jeden anderen Teil zu lieben.

Da kleidete ich mich in Gewänder aus Damaskus, und ich verließ mein Haus und ging zu ihm hinüber.

War's meine Einsamkeit, die mich zu ihm hinzog, oder war es sein Duft? War es ein Hunger meiner Augen, die nach Anmut lechzten, oder war's seine Schönheit, die das Licht meiner Augen gesucht hatte?

Noch heute weiß ich's nicht.

Ich ging zu ihm in meinen duftenden Gewändern und meinen goldenen Sandalen – den Sandalen, die mir der römische Hauptmann geschenkt, eben diesen Sandalen. Und als ich vor ihm stand, sagte ich: »Guten Morgen.«

Und er sagte: »Guten Morgen, Mirjam.«

Und er sah mich an, und seine Nachtaugen sahen mich, wie noch kein Mann mich je gesehen hatte. Und plötzlich fühlte ich mich wie nackt und war befangen.

Und doch hatte er mir nur einen guten Morgen gewünscht.

Und dann sagte ich zu ihm: »Willst du nicht in mein Haus kommen?«

Und er sagte: »Bin ich nicht schon in deinem Haus?«

Damals wusste ich nicht, was er meinte, doch jetzt weiß ich's.

Und ich sagte: »Willst du nicht Brot und Wein mit mir teilen?«

Und er sagte: »Doch, Mirjam, aber nicht jetzt.«

Nicht jetzt, nicht jetzt, sagte er. Und in diesen zwei Worten waren die Stimme der See und die Stimme des Windes und der Bäume. Und als er sie zu mir sprach, da sprach das Leben selbst zum Tod.

Denn ich war tot, meine Freundin. Ich war eine Frau, die sich von ihrer Seele losgesagt hatte. Ich lebte von dem Ich getrennt, das du jetzt siehst. Ich gehörte jedem Mann und keinem. Man nannte mich die Hure und die von sieben Dämonen Besessene. Verflucht wurde ich und beneidet.

Doch als seine Morgenaugen in meine Augen sahen, verblassten alle Sterne meiner Nacht, und ich war Mirjam, einfach nur Mirjam, eine Frau, ihrer vertrauten Welt verloren, die sich an neuen Orten wiederfand.

Und da sagte ich noch einmal: »Komm in mein Haus und teile Brot und Wein mit mir.«

Und er sagte: »Warum bittest du mich, dein Gast zu sein?«

Und ich sagte: »Ich flehe dich an, komm in mein Haus.« Und alles, was Scholle in mir war, und alles, was Himmel, schrie auf zu ihm.

Da sah er mich an, und der Mittag seiner Augen lag auf mir, und er sagte: »Du hast viele Liebhaber, doch ich allein liebe dich. Andere Männer lieben sich selbst in deiner Nähe. Ich liebe dich in dir selbst. Andere Männer sehen eine Schönheit in dir, die noch vor ihrer Zeit verblassen wird. Ich aber sehe in dir eine Schönheit, die nicht verblassen wird, und im Herbst deiner Tage wird sich diese Schönheit nicht scheuen, in den Spiegel zu blicken, und ihr Auge wird nicht beleidigt sein.

Ich allein liebe das Unsichtbare in dir.«

Dann sagte er leise: »Geh jetzt. Wenn diese Zypresse dir gehört und du nicht möchtest, dass ich in ihrem Schatten sitze, werde ich meines Weges ziehen.«

Und ich schrie zu ihm auf und sagte: »Meister, komm in mein Haus. Ich habe Weihrauch für dich zum Verbrennen und ein Silberbecken für deine Füße. Du bist ein Fremder und doch nicht fremd. Ich flehe dich an, komm in mein Haus!«

Da stand er auf und sah mich an, so wie die Jahreszeiten auf den Acker herabsehen mögen, und er lächelte. Und wieder sagte er: »Jeder Mann liebt dich um seinetwillen. Ich liebe dich um deinetwillen.« Und dann ging er.

Doch kein anderer Mann ging jemals so, wie er ging. War es ein Hauch aus meinem Garten, der gen Osten strich? Oder war es ein Sturm, der alles bis in seine Grundfesten erschüttern würde?

Ich wusste es nicht, doch an dem Tag erschlug der Sonnenuntergang seiner Augen den Drachen in mir, und ich wurde eine Frau, wurde Mirjam, Mirjam von Madschdal*.

Liebe und Zweifel sind einander noch niemals grün gewesen.

Liebe, die sich nicht täglich erneuert, wird zu einer Gewohnheit und zuletzt zur Sklaverei.

*Al-Madschdal, der arabische Name von Magdala

Vor dem Thron der Schönheit

Vor dem Thron der Schönheit

Eines schweren Tages floh ich vor der grimmigen Miene der Gesellschaft und dem betäubenden Lärm der Stadt und lenkte meine müden Schritte hin zur breiten Chaussee. Ich folgte dem lockenden Lauf des Bächleins und den lieblichen Liedern der Vögel, bis ich an eine einsame Stelle gelangte, wo die wogenden Äste der Bäume die Sonne daran hinderten, die Erde zu berühren.

Ich stand da, und was ich sah, erquickte meine Seele – meine durstige Seele, die nichts als das Trugbild des Lebens geschaut hatte anstatt seiner Süße.

Ich war tief in Gedanken versunken, und meine Lebensgeister flogen durch das Firmament, als eine Huri, nackt bis auf eine Rebenranke und einen Mohnkranz im goldnen Haar, plötzlich vor mir erschien. Als sie meinen Schrecken gewahrte, begrüßte sie mich mit den Worten: »Fürchte dich nicht; ich bin die Nymphe der Wildnis.«

»Wie kann solch eine Schönheit an so einem Ort wohnen? Sag mir bitte: Wer bist du, und wo kommst du her?«, fragte ich. Sie setzte sich anmutig ins grüne Gras und erwiderte: »Ich bin das Inbild der Natur! Ich bin die immerwährende Jungfrau, die deine Väter verehrten, und mir zu Ehren errichteten sie Tempel und Heiligtümer in Baalbek und in Dschbeil.« Und ich wagte zu sagen: »Aber diese Tempel und Heiligtümer gingen zugrunde, und die Knochen meiner frommen Ahnen wurden eins mit der Erde; nichts legt mehr von ihrer Göttin Zeugnis ab als eine dürftige Hand voll Verbliebner und die vergessenen Seiten des Buches der Geschichte.«

Sie erwiderte: »Manche Göttinnen leben im Leben ihrer Verehrer und sterben in ihrem Tod, während anderen ein ewiges und unendliches Leben beschieden ist. Mein Leben wird von der Welt der Schönheit erhalten, die du überall sehen wirst, wo immer du dein Auge ruhen lässt, und diese Schönheit ist nichts anderes als die Natur; sie ist die Freude des Schäfers auf den Hügeln und eines Dörflers Glück auf den Feldern und die Wonne der von Ehrfurcht erfüllten Stämme zwischen Berg und Ebene. Diese Schönheit erhebt den Weisen auf den Thron der Wahrheit.«

Da sagte ich: »Eine schreckliche Macht ist die Schönheit!« Und sie entgegnete: »Ihr Menschen fürchtet euch vor allem – sogar vor euch selbst. Ihr fürchtet den Himmel, den Quell geistigen Friedens; ihr fürchtet die Natur, die Stätte der Ruhe und der Geborgenheit; ihr fürchtet den Gott der Güte und scheltet ihn den Zürnenden, während er voller Liebe und Erbarmen ist.«

Nach tiefem Schweigen, durchsetzt mit süßen Träumen, bat ich: »Sprich mir von jener Schönheit, die die Menschen deuten und bestimmen, jeder nach seinem eigenen Begriff;

ich habe zahlreiche Formen ihrer Verehrung und Anbetung gesehen.«

Sie erwiderte: »Schönheit ist das, was deine Seele anzieht und lieber gibt als nimmt. Begegnest du der Schönheit, spürst du, wie die Hände deiner Seele sich ihr entgegenstrecken und sie in deines Herzens heiligen Bezirk zu ziehen suchen. Sie ist die Herrlichkeit, die Schmerz und Lust in sich vereint; sie ist das Unsichtbare, das du siehst, und das Unklare, das du verstehst, und das Stumme, das du vernimmst – sie ist das Allerheiligste, das in dir seinen Anfang hat und weit, weit jenseits deiner irdischen Vorstellungskraft endet.«

Dann kam die Nymphe der Wildnis auf mich zu und legte mir ihre duftenden Hände auf die Augen. Und wie sie sich zurückzog, war ich allein im Tal. Als ich in die Stadt zurückkehrte, deren Unrast mich nicht länger störte, wiederholte ich ihre Worte:

»Schönheit ist das, was deine Seele anzieht und lieber gibt als nimmt.«

Wir leben nur, um die Schönheit zu entdecken. Alles andere ist bloß eine Form des Wartens.

Wenn du von der Schönheit singst, wirst du und wärst du auch allein im Herzen der Wüste – ein Publikum haben.

Das Haus des Glücks

Gesang des Glücks

Geliebte sind der Mensch und ich.
Er verzehrt sich nach mir und ich mich nach ihm,
Doch ach! Zwischen uns ist eine Rivalin
Aufgetaucht, die uns in Elend stürzt.
Grausam ist sie und anspruchsvoll,
Und ihre Verlockungen sind hohl.
Ihr Name ist Materie.
Sie folgt uns, wohin wir auch gehen,
Unermüdlich, ständig wachsam, und sie raubt
Meinem Geliebten seinen Seelenfrieden.

Ich frag im Wald nach meinem Liebsten,
Unter den Bäumen, an den Seen.
Ich kann ihn nicht finden, denn die Materie
Hat ihn in die lärmende Stadt
Entführt und ihn auf den wankenden Thron
Des metallenen Reichtums gesetzt.

Ich ruf ihn mit der Stimme der
Erkenntnis und dem Gesang der Weisheit.
Er hört nicht zu, denn die Materie
Hat ihn in das Verlies
Der Selbstsucht gelockt, wo die Habgier haust.

Ich such ihn auf dem Feld des Selbstgenügens,
Doch ich bin dort allein: Meine Rivalin
Hält ihn gefangen in der Höhle
Der Völlerei und Gier, gefesselt
Mit schweren, goldnen Ketten.

Ich rufe ihn am Morgen, wenn die Natur lächelt,
Doch er hört nicht: Unmaß hat seine
Trägen Augen mit siechem Schlaf beladen.

Ich locke ihn des Abends, in der großen Stille,
Wenn alle Blumen schlafen. Doch er erhört mich nicht,
Denn seine Furcht vor dem, was morgen sein mag,
Beschattet sein Gemüt.

Er sehnt sich, mich zu lieben;
Er sucht nach mir in seinen Werken. Doch
Er wird mich nur in Gottes Werken finden.
Er sucht mich in den Schlössern seiner Macht,
Die er auf seiner Brüder Knochen aufgebaut;
Flüstert mir zu, umringt von seinen Haufen
Aus Gold und Silber;

Doch finden wird er mich nur hier, im Haus der Schlichtheit,
Das Gott errichtete am Rand
Des Bachs der Zärtlichkeit.

Küssen möchte er mich vor seinen Schätzen,
Doch niemals wird er meine Lippen schmecken außer
Im Silberglanz der reinen Brise.

Er fleht mich an, an seinem
Märchenhaften Reichtum teilzuhaben, doch
Ich gebe Gottes Glück nicht auf und werf
Nicht ab den Mantel meiner Schönheit.

Den Betrug sucht er als Medium; ich suche nur
Das Medium seines Herzens.
Er reibt sein Herz in seiner engen Zelle wund;
Ich möcht sein Herz mit meiner Liebe füllen.

Mein Liebster hat gelernt, nach meiner Feindin, der Materie,
Zu schluchzen und zu schreien; ich möchte
Ihn lehren, mit den Augen seiner Seele
Tränen des Mitgefühls und des Erbarmens
Mit allen Dingen
Zu vergießen und mit diesen Tränen
Seufzer der Freude auszustoßen.

Der Mensch ist mein Geliebter;
Ihm möchte ich angehören.

Mein Herz wurde müder und müder, bis es mir Lebewohl sagte und ins Reich des Glückes zog, in die andre Welt. Als es am Heiligtum der Seele angelangt war, blieb es erstaunt stehen, denn es sah dort nichts von dem, was es so lang erträumt hatte.

Es sah weder Macht noch Reichtum noch Erhabenheit. Es sah nur den Jüngling der Schönheit; dessen Gemahlin, die Tochter der Liebe; und deren beider Kind, die Weisheit.

Mein Herz sprach die Tochter der Liebe an und sagte: »Wo ist die Zufriedenheit, Tochter der Liebe? Denn ich hörte, dass die Bewohner dieses Reiches ihrer teilhaftig sind.«

Sie erwiderte: »Die Zufriedenheit ist fortgezogen und predigt jetzt in der Stadt des maßlosen Ehrgeizes, denn wir bedürfen ihrer nicht. Das Glück strebt nicht nach Zufriedenheit; Glück ist vielmehr eine Sehnsucht nach dem, was mit ihm eins ist, während Zufriedenheit vom Vergessen bedrängte Gedankenlosigkeit ist. Die unsterbliche Seele ist niemals zufrieden, denn sie will Vollkommenheit, Vollkommenheit im Unendlichen.«

Mein Herz sprach den Jüngling der Schönheit an und sagte: »Enthüll mir das Geheimnis der Frau, o Schönheit, und kläre mich auf, denn du bist Wissen.«

Er erwiderte: »Sie ist du, das Herz des Menschen, und alles, was dich beschreibt, trifft auch auf sie zu. Sie und ich sind eins, und wo immer ich mich niederlasse, steigt sie herab. Sie gleicht der Religion, die von Unwissenden nicht verfälscht, dem Mond, der von Wolken nicht verhüllt, einer Brise, die vom Atem der Verworfenheit nicht beschmutzt ist.«

Mein Herz wandte sich zur Weisheit, der Tochter der Liebe und der Schönheit, und sagte: »Gib mir Weisheit, die ich der Menschheit überbringen kann.«

Sie erwiderte: »Sie ist das Glück, das seinen Ursprung im Allerheiligsten der Seele hat und nie von außen kommt.«

Der Klang der Natur

Die See

In der Stille der Nacht,
Da der Mensch bei der Herde schlummert,
Verkündet der Wald:
»Ich bin die Macht,
Hervorgebracht von der Sonne
Aus dem Herzen der Erde.«
Die See bleibt stumm und sagt nur zu sich selbst:
»Ich bin die Macht.«

Der Fels sagt:
»Die Zeit erschuf mich als ein Denkmal,
Das bis zum Jüngsten Tag besteht.«
Die See, sie schweigt und sagt nur zu sich selbst:
»Ich bin das Denkmal.«

Der Wind heult:
»Ich bin stark,
Ich scheide den Himmel von der Erde.«
Die See bleibt stumm und sagt nur zu sich selbst:
»Mein ist der Wind.«

Der Fluss sagt:
»Ich bin das reine Wasser,
Das den Durst der Erde stillt.«
Die See, sie schweigt und sagt nur zu sich selbst:
»Mein ist der Fluss.«

Der Gipfel sagt:
»Hoch rag ich wie ein Stern
Im Mittelpunkt des Himmels.«
Die See bleibt stumm und sagt nur zu sich selbst:
»Mein ist der Gipfel.«

Das Hirn sagt:
»Ich bin ein Herrscher;
Die Welt ruht in denen, die herrschen.«
Die See schlummert weiter und sagt zu sich im Schlaf:
»Alles ist mein.«

Aus der Erde

Zornentbrannt und gewaltig kommt die Erde aus der Erde;

und anmutig und majestätisch wandelt die Erde über die Erde.

Aus Erde baut die Erde Paläste und errichtet Türme und Tempel,

Und auf der Erde webt die Erde Sagen, Lehren und Gesetze.

Dann wird die Erde der Erde Taten müde und windet aus ihrer lichten Hülle Träume und Fantasien.

Und dann betört der Erde Schlummer der Erde Augen zu langem, tiefem Schlaf.

Und die Erde ruft der Erde zu:

»Ich bin der Schoß und das Grabmal, und ich werde Schoß und Grabmal bleiben, bis die Planeten nicht mehr sind und die Sonne zu Asche verglüht.«

Unsre Seelen sind wie zarte Blumen

Unsre Seelen sind wie zarte Blumen, den Winden des Schicksals ausgeliefert. Sie zittern in der Morgenbrise und neigen ihr Haupt unter dem fallenden Himmelstau.

Der Gesang der Vögel weckt den Menschen aus dem Schlaf und lädt ihn ein, in die Hymnen zum Lobe der Ewigen Weisheit einzustimmen, die den Gesang der Vögel schuf.

Solche Musik lässt uns nach dem Sinn der geheimnisvollen Worte in alten Büchern fragen.

Wenn die Vögel singen, rufen sie dann den Blumen auf dem Felde zu, oder sprechen sie zu den Bäumen, oder geben sie das Murmeln der Bäche wieder? Denn Menschenverstand kann nicht wissen, was der Vogel sagt, noch, was der Bach murmelt, noch, was die Wellen flüstern, wenn sie träge und sanft an die Strände rühren.

Menschenverstand kann nicht wissen, was der Regen sagt, wenn er auf das Laub der Bäume fällt oder an die Fensterscheiben klopft. Er kann nicht wissen, was die Brise den Blumen auf dem Felde sagt.

Wohl aber kann des Menschen Herz den Sinn dieser Töne, die seine Gefühle in Schwingung versetzen, spüren und fassen. Oft spricht die Ewige Weisheit zu ihm in geheimnisvoller Sprache; Seele und Natur besprechen sich vertraut, während der Mensch sprachlos und erstaunt dabeisteht.

Die Natur und der Mensch

Bei Tagesanbruch saß ich auf einem Feld und hielt Zwiesprache mit der Natur, während der Mensch friedlich unter Decken von Schlummer ruhte. Ich lag im grünen Gras und sann über die Fragen: »Ist Wahrheit Schönheit? Ist Schönheit Wahrheit?«

Und wie ich so sann, da spürte ich, dass ich von meinem Menschsein fortgetragen wurde, und meine Fantasie hob den Schleier der Materie, der mein inneres Selbst verbarg. Meine Seele weitete sich, und etwas führte mich näher heran an die Natur und ihre Geheimnisse, und meine Ohren taten sich auf für die Sprache ihrer Wunder.

Und wie ich tief in Gedanken saß, spürte ich eine Brise, die durch die Kronen der Bäume strich, und ich vernahm ein Seufzen wie das einer verirrten Waise.

»Warum seufzt du, sanfte Brise?«, fragte ich da.

Und die Brise erwiderte: »Weil ich aus der Stadt komme, die von der Sonnenhitze glüht, und die Keime von Seuchen und Plagen haften an meinen reinen Gewändern. Kannst du mir da meinen Kummer verdenken?«

Dann sah ich den Blumen in die tränennassen Gesichtchen und hörte ihr leises Klagen. Und ich fragte: »Warum weint ihr, meine lieblichen Blumen?«

Eine der Blumen hob ihr zartes Haupt und wisperte: »Wir weinen, weil der Mensch kommen wird, uns abzuschneiden und uns auf den Märkten der Stadt feilzubieten.«

Und eine andere Blume fügte hinzu: »Und abends, wenn wir welk sind, wird er uns zum Abfall werfen. Wir weinen, weil die grausame Hand des Menschen uns den Plätzen entreißt, mit denen wir verwurzelt sind.«

Und ich hörte den Bach wie eine Witwe klagen, die um ihr totes Kind trauert, und ich fragte: »Warum weinst du, mein reiner Bach?«

Und der Bach erwiderte: »Weil ich gezwungen bin, zur Stadt zu fließen, wo der Mensch mich verachtet und mich verschmäht um stärkerer Getränke willen und mich zu einer Kloake macht mit seinem Unrat, meine Lauterkeit beschmutzt und meine Güte in Jauche verwandelt.«

Und ich hörte die Vögel trauern, und ich fragte: »Warum jammert ihr, meine schönen Vögel?« Und einer von ihnen flog herbei, setzte sich auf das Ende eines Asts und sagte: »Die Adamssöhne werden bald mit ihren tödlichen Waffen auf dieses Feld kommen und uns bekriegen, als seien wir ihre Todfeinde. Wir nehmen jetzt voneinander Abschied, denn wir wissen nicht, welche von uns des Menschen Wut entrinnen werden. Wohin wir auch gehen, folgt uns der Tod auf dem Fuß.«

Jetzt stieg die Sonne hinter den Berggipfeln auf und vergoldete die Baumkronen mit Strahlenkränzen. Ich blickte auf diese Schönheit und fragte mich: »Warum muss der Mensch zerstören, was die Natur erbaut hat?«

Die Natur heißt uns mit offenen Armen willkommen und lädt uns ein, ihre Schönheit zu genießen; aber wir fürchten ihr Schweigen und flüchten in die überfüllten Städte, um uns dort aneinander zu drängen wie Schafe, die vor einem reißenden Wolf fliehen.

Flügel des Geistes

Von der Vernunft und dem Wissen

Wenn die Vernunft zu dir spricht, höre auf das, was sie sagt, und du bist gerettet. Mach guten Gebrauch von ihren Weisungen, und du bist gegen alles gewappnet. Denn der Herr hat dir keinen besseren Führer gegeben als die Vernunft und keine stärkere Waffe als die Vernunft. Wenn die Vernunft zu deinem innersten Selbst spricht, bist du gegen das Verlangen gefeit. Denn die Vernunft ist ein kluger Minister, ein verlässlicher Führer und ein weiser Ratgeber. Die Vernunft ist ein Licht in der Finsternis, ebenso wie der Zorn eine Finsternis im Licht ist. Sei klug – lass dich von der Vernunft, nicht von den Trieben leiten!

Bedenke aber, dass die Vernunft, und sei sie auch an deiner Seite, nichts vermag ohne die Hilfe des Wissens. Ohne ihren Blutsbruder, das Wissen, ist die Vernunft unbehaust und arm; und Wissen ohne Vernunft ist wie ein Haus ohne Hüter. Und selbst Liebe, Gerechtigkeit und Güte vermögen wenig, wenn die Vernunft nicht auch bei ihnen ist.

Der Gelehrte, dem es an Urteilskraft mangelt, gleicht einem Soldaten, der unbewaffnet in die Schlacht zieht. Seine Wut wird den reinen Quell des Lebens seiner Gemeinschaft vergiften, und er wird wie der Aloe-Samen in einem Krug lauteren Wassers sein.

Vernunft und Bildung sind wie Leib und Seele. Ohne den Körper ist die Seele nichts als leerer Wind. Ohne die Seele ist der Leib nur ein sinnloses Gestell.

Vollkommenheit

Du fragst mich, mein Bruder, wann der Mensch die Vollkommenheit erlangen wird. Hör meine Antwort:
Der Mensch nähert sich der Vollkommenheit, wenn er spürt, dass er ein unendlicher Raum ist und ein Meer ohne Ufer,
Ein immerwährendes Feuer, ein unauslöschliches Licht,
Ein ruhiger Wind oder ein wütender Orkan, ein donnernder Himmel oder ein grauer Landregen,
Ein singender Bach oder ein klagendes Rinnsal, ein Baum in Frühlingsblüte oder ein nackter Setzling im Herbst,
Ein aufragender Berg oder ein sich senkendes Tal,
Eine fruchtbare Ebene oder eine Wüste.

Spürt der Mensch all das, hat er bereits
den halben Weg zur Vollkommenheit zurückgelegt.
Um sein Ziel zu erreichen, muss er dann erkennen,
Dass er ein Kind ist, abhängig von seiner Mutter,
Ein Vater, für seine Familie verantwortlich,

Ein liebeskranker Jüngling,
Ein Greis, der mit seiner Vergangenheit ringt,
Ein Beter in seinem Tempel, ein Verbrecher in seinem Gefängnis,
Ein Gelehrter inmitten seiner Pergamente,
Eine unwissende Seele, tappend zwischen der Finsternis ihrer Nacht und der Dunkelheit ihres Tages,
Eine Nonne, leidend zwischen den Blumen ihres Glaubens und den Disteln ihrer Einsamkeit,
Eine Dirne, zerrissen zwischen den Fängen ihrer Schwäche und den Krallen ihrer Not,
Ein Armer, gefangen zwischen seiner Bitterkeit
und seiner Demut,
Ein Reicher zwischen seiner Gier und seinem Gewissen,
Ein Dichter zwischen dem Nebel seiner Dämmerung und den Strahlen seiner Morgenröte.

Wer all dies erfahren, sehen und begreifen kann, der kann die Vollkommenheit erlangen und zu einem Schatten werden von Gottes Schatten.

Die Vision

Als die Nacht hereinbrach und der Schlaf seinen Mantel über das Antlitz der Erde breitete, verließ ich mein Bett und ging hinab zur See und dachte bei mir: »Die See schläft nie.

Und das ständige Wachen der See ist ein unerschöpflicher Balsam für den Geist.«

Ich erreichte das Ufer, wo der Nebel von den Berggipfeln herabgewallt war und den Ort so verhüllt hatte wie ein grauer Schleier das Gesicht eines schönen Mädchens. Ich stand und starrte auf die Heerscharen von Wellen, lauschte ihrem jubelnden Feldgeschrei und sann über die ewigen Mächte, die sich hinter ihnen verbargen – die Mächte, die mit Stürmen rasen, mit Vulkanen wüten, mit den Lippen von Rosen lächeln und mit Bächen singen.

Nach einer kleinen Weile wandte ich mich um und gewahrte drei Erscheinungen, die, vom Nebel verborgen und doch nicht verborgen, auf einem nahen Felsblock saßen. Ich ging langsam auf sie zu, als zöge mich eine verborgene Kraft in ihnen an und bezwänge meinen Willen.

Als ich nur noch wenige Schritte von ihnen entfernt war, blieb ich stehen und starrte sie unverwandt an, als wäre der Ort von Hexenkraft durchdrungen, die meinen Entschluss lähmte und in meinem Geist schlummernde Fantasie wachrief.

Im selben Moment erhob sich einer der drei Geister und sprach mit einer Stimme, die aus den Tiefen der See hervorzudringen schien: »Das Leben ohne Liebe gleicht einem Baum ohne Blüten oder Früchte. Liebe ohne Schönheit gleicht einer Blume ohne Duft oder Samen ... Leben, Liebe und Schönheit – drei Personen in einer Substanz, unabhängig, absolut, keinen Wandel und keine Trennung duldend.«

Nachdem er diese Worte gesprochen hatte, setzte er sich wieder hin, wo er gesessen hatte.

Dann stand das zweite Phantom auf und sprach mit einer Stimme wie das Gebrüll der Sturmflut: »Das Leben ohne Rebellion gleicht einem Jahr ohne Frühling. Rebellion ohne Wahrheit gleicht einem Frühling in einer ausgedorrten, öden Wüste ... Leben, Rebellion und Wahrheit – drei Personen in einer Substanz, die keinerlei Trennung oder Veränderung dulden.«

Nun erhob sich das dritte Gespenst und sagte mit einer Stimme wie Donnergrollen: »Das Leben ohne Freiheit gleicht einem Körper ohne Geist. Freiheit ohne Denken gleicht einem gestörten Geist ... Leben, Freiheit und Denken – drei Personen in einer Substanz, ewig, nimmer endend und unaufhörlich.«

Nun erhoben sich alle drei Erscheinungen und sprachen mit grauenerregenden Stimmen im Chor: »Liebe und das, was sie zeugt. Rebellion und das, was sie hervorruft. Freiheit und das, was sie nährt. Drei Manifestationen Gottes. Und Gott ist das Gewissen der vernunftbegabten Welt!«

Dann brach eine Stille herein, die vom Rauschen unsichtbarer Schwingen und dem Beben ätherischer Leiber erfüllt war. Ich schloss die Augen und lauschte dem Echo der Worte, die ich gerade vernommen hatte. Als ich sie wieder öffnete und schaute, sah ich nur die nebelverhangene See. Ich trat näher an den Felsen, auf dem die drei Erscheinungen gesessen hatten, und gewahrte nur eine Säule von Weihrauch, die lotrecht in den Himmel stieg.

Der Astronom

Mein Freund und ich sahen einen Blinden, der allein im Schatten des Tempels saß. Und mein Freund sagte: »Siehe den weisesten Mann unseres Landes.«

Da trennte ich mich von meinem Freund und ging auf den Blinden zu und grüßte ihn. Und wir unterhielten uns.

Nach einer Weile sagte ich: »Verzeih die Frage; aber wie lange bist du denn schon blind?«

»Seit meiner Geburt«, erwiderte er.

Darauf ich: »Und welchem Pfad der Weisheit folgest du?«

Darauf er: »Ich bin Astronom.«

Dann legte er sich die Hand auf die Brust und sagte: »Ich betrachte all diese Sonnen und Monde und Gestirne hier.«

Dein Denken ist ein tief im Erdreich der Tradition verwurzelter Baum, dessen Äste aus der Kontinuität ihre Kraft schöpfen. Mein Denken ist eine dahintreibende Wolke. Sie verwandelt sich in Wassertropfen, die zur Erde fallen und einen Bach bilden, der singend zur See zieht. Dann steigt sie als Dampf in den Himmel auf. Dein Denken ist eine Festung, die weder Sturm noch Blitz erschüttern können. Mein Denken ist ein zartes Blatt, das in jede Richtung flattert und Freude an seinem Flattern hat. Dein Denken ist ein uraltes Dogma, das dich so wenig ändern kann, wie du es zu ändern vermagst.

Du hast dein Denken, und ich habe meins.

Dein Denken gestattet dir, an den ungleichen Wettkampf zwischen Stark und Schwach zu glauben und an die Überlistung des Schlichten durch den Schlauen. Mein Denken erzeugt in mir den Wunsch, die Erde mit meiner Hacke zu bearbeiten und die Feldfrucht mit meiner Sichel zu ernten und mein Haus aus Steinen und Mörtel zu erbauen und meine Kleider zu weben aus Woll- und Leinenfäden. Dein Denken drängt dich dazu, dich mit Reichtum und Ansehen zu vermählen. Meines empfiehlt mir Selbstgenügen. Dein Denken zielt auf Ruhm und Prunk ab. Meines rät mir und fleht mich an, Ansehen zu verachten und es als ein Körnchen Sand zu behandeln am Ufer der Ewigkeit. Dein Denken flößt deinem Herzen Hochmut und Dünkel ein. Meins pflanzt in mich Friedensliebe und den Wunsch nach Unabhängigkeit. Dein Denken zeugt Träume von Palästen mit Möbeln aus Sandelholz und Edelsteinen und Betten aus gewirkten Seidenfäden. Mein Denken flüstert mir ins Ohr: Sei rein in Geist und Körper, selbst wenn du nichts hast, wo du dein Haupt betten könntest. Dein Denken lässt dich nach Titeln und Ämtern streben. Meines ermahnt mich zu niedrigem Dienst.

Du hast dein Denken, und ich habe meins.

Dein Denken ist Gesellschaftswissenschaft, ein Wörterbuch der Theologie und Politik. Meins ist ein einfaches Axiom. Dein Denken spricht von der schönen Frau, der Hässlichen, der Tugendhaften, der Prostituierten, der Klugen und der Dummen. Meins sieht in jeder Frau eine Mutter, eine Schwester oder eine Tochter eines jeden Menschen. Dein Denken kreist um Diebe, Verbrecher und um Mörder. Meines erklärt, dass Diebe Geschöpfe der Ausbeutung sind, Verbrecher die Ausgeburt der Tyrannei und Mörder die Brüder ihrer Opfer. Dein Denken definiert Gesetze, Gerichtshöfe, Richter, Strafen. Meines erklärt: Wenn der Mensch ein Gesetz macht, dann übertritt er es oder befolgt es. Wenn es ein grundlegendes Gesetz gibt, dann sind wir vor ihm alle gleich. Wer den Niedrigen gering schätzt, ist selber niedrig. Wer den Sünder schmäht, schmäht die gesamte Menschheit. Dein Denken schmeichelt dem Gelehrten, dem Künstler, dem Intellektuellen, dem Denker und dem Priester. Meines spricht vom Liebenden und Liebevollen, vom Ehrlichen, vom Wahrhaftigen, vom Guten und vom Märtyrer. Dein Denken predigt Judentum, Brahmanismus, Buddhismus, Christentum, Islam. In meinem Denken gibt es nur eine Religion, und ihre vielfältigen Pfade sind lediglich die Finger der liebevollen Hand des Höchsten Wesens. In deinem Denken gibt es die Reichen, die Armen und die Bettler. Mein Denken behauptet: Es gibt keinen anderen Reichtum als das Leben; Bettler sind wir alle, und der einzige Wohltäter ist das Leben.

Du hast dein Denken, und ich habe meins.

Laut deinem Denken besteht die Größe der Nationen in ihrer Politik, ihren Parteien, ihren Konferenzen, ihren Bündnissen und Allianzen. Meins aber erklärt, dass die Bedeutung der Nationen in der Arbeit liegt – Arbeit auf dem Feld, Arbeit im Weinberg, Arbeit am Webstuhl, Arbeit in der Gerberei, Arbeit im Steinbruch, Arbeit auf dem Zimmerplatz, Arbeit im Büro und in der Presse. Dein Denken behauptet, die Glorie der Nationen seien ihre Helden. Es singt Loblieder auf Ramses, Alexander, Cäsar, Hannibal und Napoleon. Meines aber erklärt, dass die wahren Helden Konfuzius, Laotse, Sokrates, Platon, Abi Taleb, al-Ghazali, Dschalal ad-Din Rumi, Kopernikus und Pasteur sind. Dein Denken bemisst Macht nach Armeen, Kanonen, Schlachtschiffen, Unterseebooten, Flugzeugen und Giftgas. Meines aber behauptet, dass Macht in Vernunft, Entschlossenheit und Wahrheit besteht. Wie lang der Tyrann sich auch halten mag – am Ende ist er der Verlierer. Dein Denken unterscheidet zwischen dem Pragmatiker und dem Idealisten, zwischen dem Teil und dem Ganzen, zwischen dem Mystiker und dem Materialisten. Meines erkennt, dass das Leben eins ist und dass dessen Gewichte, Maße und Kategorien nicht mit deinen Gewichten, Maßen und Kategorien übereinstimmen. Der, den du für einen Idealisten hältst, könnte ein praktischer Mensch sein.

Du hast dein Denken, und ich habe meins.

Dein Denken befasst sich mit Ruinen und Museen, Mumien und Versteinerungen. Meins aber schwebt in den immer neuen Dünsten und Wolken. Dein Denken sitzt auf einem Thron aus Schädeln. Da du so stolz darauf bist, hebst du es in den Himmel. Mein Denken wandert durch die dunklen, fernen Täler. Dein Denken trompetet dir zum Tanz. Meinem sind des Todes Qualen lieber als dein Getanze und deine Blechmusik. Dein Denken denkt an Klatsch und sinnfreie Vergnügungen. Meins denkt an den, der im eigenen Land verloren ist, an den Fremden in der eigenen Heimat, an den Einsamen im Kreis der Verwandten und Freunde.

Du hast dein Denken, und ich habe meins.

Die Fantasie sieht die ganze Wahrheit – sie ist der Ort, an dem Vergangenheit, Gegenwart und Zukunft sich begegnen ... Die Fantasie ist weder an die sichtbare Wirklichkeit gebunden noch an einen bestimmten Ort. Sie lebt überall. Sie ruht in einem Mittelpunkt und spürt die Schwingungen aller umgebenden Kreise, in denen Ost und West wirkend enthalten sind. Die Fantasie ist das Leben der Geistesfreiheit. Sie erkennt, was alles in seinen vielfältigen Aspekten ist ... Die Fantasie ist nicht erbaulich: Wir wollen nicht erbaut werden – wir wollen ganzheitlicher bewusst sein.

Wenn jemand trunken von einer Vision ist, hält er den dürftigen Ausdruck, den er ihr verleiht, für den Wein.

Inspiration ist immer ein Gesang; niemals Erklärung.

Das Denken ist ein Vogel des Himmels, der in einem Käfig aus Worten zwar vielleicht seine Flügel ausbreiten kann, niemals aber zu fliehen vermag.

Die Erinnerung ist eine Form von Begegnung.

Vergesslichkeit ist eine Form von Freiheit.

Wenn dich dein Wissen nicht den Wert der Dinge lehrt und dich nicht frei macht von der Herrschaft der Materie, wirst du dich nie dem Thron der Wahrheit nähern.

Ein wenig Wissen, das handelt, ist unendlich mehr wert als viel müßiges Wissen.

Wissen und Verstand sind die treuen Gefährten des Lebens, die dich niemals im Stich lassen werden. Denn das Wissen ist deine Krone und der Verstand dein Stab; und wenn sie bei dir sind, könntest du keine größeren Schätze besitzen.

Der wahre Reichtum einer Nation liegt nicht in ihrem Gold und Silber, sondern in ihrer Gelehrsamkeit, ihrer Weisheit und in der Rechtschaffenheit ihrer Söhne.

Hast du ein Problem klar erkannt, nimm es entschlossen in Angriff, denn so handelt der Starke.

Eile mit Weile, und zögere nicht, wenn sich eine Gelegenheit bietet. So wirst du schlimme Fehler vermeiden.

Die Umarmung der Musik

Die Musik ist die Sprache der Geister

Die Musik ist die Sprache der Geister. Ihre Melodie gleicht der verspielten Brise, die die Saiten vor Liebe erzittern lässt. Wenn die sanften Finger der Musik an die Tür deines Fühlens klopfen, rufen sie Erinnerungen wach, die lange Zeit in den Tiefen der Vergangenheit geschlummert hatten. Die traurigen Klänge der Musik bringen uns wehmütige Reminiszenzen; und ihre heiteren Klänge schenken uns freudige Erinnerungen.

Ein großer Sänger ist jener, der unser Schweigen singt.

Blick über die Zeit

Die zwei Städte

Das Leben nahm mich auf seine Schwingen und trug mich auf den Gipfel des Berges der Jugend. Dann streckte es die Hand aus und deutete hinter sich. Ich blickte zurück und sah eine seltsame Stadt, aus der dunkler Rauch in vielerlei Färbungen langsam emporstieg. Eine dünne Wolkendecke verbarg die Stadt beinah vor meinen Blicken.

Nach kurzem Schweigen rief ich aus: »Was ist das, was ich sehe, Leben?«

Und das Leben erwiderte: »Das ist die Stadt der Vergangenheit. Betrachte sie und sinne nach.«

Und ich blickte auf dieses wunderbare Bild und ich sah vielerlei Dinge und Begebenheiten: Hallen, für die Tat gebaut, die gigantengleich unter den Schwingen des Schlummers aufragten; Tempel des Geschwätzes, von Geistern umschwebt, die zugleich verzweifelt weinten und hoffnungsvolle Lieder sangen. Ich sah Kirchen, vom Glauben erbaut und vom Zweifel zerstört. Ich erspähte Minarette des Denkens, die sich gen Himmel reckten wie die erhobenen Arme von Bettlern; ich sah Chausseen der Begierde, die sich wie Flüsse durch Täler wanden; Lagerhäuser voller Geheimnisse, von Wächtern der Verheimlichung umstanden und von Dieben der Enthüllung geplündert; Türme der Stärke, errichtet von der Tapferkeit und eingerissen von der Angst; Traum-Heiligtümer, vom Schlaf geschmückt und vom Wachen entweiht; dürftige Hütten, darin die Schwäche hauste; Moscheen der Einsamkeit und Selbstverleugnung; Stätten der Bildung, von der Intelligenz erleuchtet und verfinstert von der Ignoranz; Schenken der Liebe, in denen Liebende sich berauschten und von der Leere verspottet wurden; Theater, auf deren Brettern das Leben sein Schauspiel darbot und der Tod des Lebens Trauerspiel vollendete.

So ist die Stadt der Vergangenheit – scheinbar weit entfernt, jedoch in Wirklichkeit ganz nah –, nur schwach sichtbar durch die dunklen Wolken.

Dann winkte mir das Leben zu und sagte: »Folge mir. Wir haben hier schon viel zu lang gesäumt.« Und ich erwiderte: »Wohin gehen wir, Leben?«

Und das Leben sagte: »Wir gehen zur Stadt der Zukunft.«

Und ich sagte: »Hab Erbarmen mit mir, Leben! Ich bin müde, und meine Füße sind zerschunden, und alle Kraft hat mich verlassen.«

Doch das Leben erwiderte: »Wandere weiter, mein Freund. Säumen ist Feigheit. Immerzu auf die Stadt der Vergangenheit zu starren ist Torheit. Siehe, die Stadt der Zukunft winkt ...«

Meine Seele sprach zu mir und sagte: »Miss nicht die Zeit, indem du sagst: ›Es gab ein Gestern, und es wird ein Morgen geben.‹«

Und ehe meine Seele zu mir sprach, hatte ich die Vergangenheit als eine Zeit begriffen, die niemals wiederkehrte, und die Zukunft als eine, die niemals zu erreichen war.

Nunmehr erkenn ich, dass der Augenblick des Jetzt jegliche Zeit enthält und alles, was je erhofft, getan und verwirklicht werden kann.

Mein Freund, sei nicht wie er, der an seinem Herdstein sitzt und zusieht, wie das Feuer ausgeht, und dann vergeblich in die kalte Asche bläst! Gib nicht die Hoffnung auf, verzweifle nicht um des Vergangnen willen, denn das Unwiederbringliche zu beweinen ist die schlimmste Torheit des Menschen.

Licht und Schatten

Wir erwählen unsre Freuden und unsre Leiden, lang bevor wir sie erleben.

Siehst du einen Mann, der ins Gefängnis geführt wird, sag in deinem Herzen: »Vielleicht entflieht er einem noch engeren Kerker.«

Und siehst du einen Betrunkenen, sag in deinem Herzen: »Vielleicht suchte er, etwas noch Unschönerem zu entfliehen.«

Ruhm ist der Schatten einer Leidenschaft, die im Lichte steht.

Ein schamhaftes Scheitern ist edler als ein dreister Erfolg.

Seltsam – das Verlangen nach bestimmten Freuden ist ein Teil meines Schmerzes.

Je größer deine Freude oder dein Leid, desto kleiner ist die Welt in deinen Augen.

Töchter der Sehnsucht

Das ehrgeizige Veilchen

Es war einmal ein anmutiges, duftendes Veilchen, das sorglos inmitten seiner Freundinnen in einem einsamen Garten lebte und sich glücklich mit den anderen Blumen wiegte.

Eines Morgens, da Tropfen von Tau auf seinem Scheitel funkelten, hob es das Haupt und sah sich um; es erblickte eine hochgewachsene, schöne Rose, die sich stolz emporreckte und weit in die Luft ragte, wie eine lodernde Flamme auf einer Fackel von Smaragd.

Das Veilchen öffnete seine blauen Lippen und sagte: »Wie erbarmungswürdig bin ich unter diesen Blumen, und wie elend ist der Platz, den ich in ihrer Gegenwart einnehme! Die Natur hat mich kleinwüchsig und arm geschaffen. Ich lebe der Erde ganz nah, kann mein Haupt nicht zum blauen Himmel wenden oder mein Gesicht der Sonne zukehren, wie es die Rosen tun!«

Und die Rose hörte die Worte ihrer Nachbarin; sie lachte und sprach: »Wie wunderlich deine Rede ist! Du bist vom Glück gesegnet, und doch ist dir dein Glück gar nicht bewusst. Die Natur hat dir einen Duft und eine Schönheit geschenkt, wie sie keine andere Blume besitzt. Vergiss deine Gedanken und sei zufrieden und bedenke: Wer sich erniedrigt, der wird erhöht werden, und wer sich erhöht, der wird zertreten werden.«

Das Veilchen antwortete: »Du tröstest mich, weil du schon hast, wonach ich mich verzehre. Du suchst, mich mit der Bedeutung deiner Größe zu verbittern. Wie weh tut die Ermahnung des Glücklichen dem Herzen des Elenden! Und wie unnachsichtig ist der Starke, wenn er sich zum Ratgeber der Schwachen aufschwingt!«

Die Natur hörte das Gespräch zwischen den beiden Blumen; sie kam und fragte: »Was ist mit dir geschehen, Töchterchen Veilchen? Du warst stets so bescheiden und sanft in all deinem Reden und Handeln. Hat Gier dein Herz erfasst und deine Sinne mit Blindheit geschlagen?«

Das Veilchen antwortete mit flehentlicher Stimme und sagte: »O große und barmherzige Mutter, voller Liebe und Mitgefühl, ich bitte dich aus ganzem Herzen und ganzer Seele: Gewähre mir den Wunsch, einen Tag lang eine Rose zu sein!«

Und die Natur erwiderte: »Du weißt nicht, worum du bittest; du ahnst nicht, welches Unheil dein blinder Ehrgeiz über dich bringen kann.«

Das Veilchen beharrte: »Verwandle mich in eine hohe Rose, denn ich wünsche mir, den Kopf voll Stolz emporzurecken. Und was auch mein Schicksal sein mag, ich werde es mir selbst bereitet haben!«

Die Natur gab nach und sagte: »Ach, unwissendes und rebellisches Veilchen! Ich werde dir deinen Wunsch erfüllen. Aber wenn dich ein Unglück ereilt, wirst du es einzig dir selbst zuzuschreiben haben.«

Und die Natur streckte ihre geheimnisvollen, zaubermächtigen Finger aus und berührte die Wurzeln des Veilchens, und da verwandelte es sich augenblicklich in eine hohe, schlanke Rose, die alle anderen Blumen des Gartens überragte.

Zur Abendzeit ballten sich am Himmel schwarze Wolken zusammen, und die tobenden Elemente durchbrachen die Stille des Daseins mit Donner und mit Drohungen, den Garten mit heftigem Regen und starken Winden zu verwüsten. Der Sturm zerbrach die Äste der Bäume, entwurzelte die Pflanzen, knickte die Stängel der hohen Blumen und verschonte nur die kleinen, die nah bei der freundlichen Erde wuchsen. Alle Blumen wurden zu Boden geschlagen, und keine von ihnen entrann dem Zorn der Natur außer der schmalen Girlande von Veilchen, die sich dicht bei der Gartenmauer duckten.

Nachdem es den Kopf gehoben und die Tragödie der Blumen und Bäume gesehen hatte, lächelte eines der Veilchenmädchen vergnügt und sagte: »Seht, was der Sturm mit den hochmütigen Blumen gemacht hat!« Ein anderes Veilchen sagte: »Wir sind klein und leben dicht bei der Erde, aber wir sind sicher vor der Wut des Himmels.« Und ein drittes fügte hinzu: »Weil wir gering an Körpergröße sind, kann uns der Sturm nichts anhaben!«

In diesem Moment sah die Königin der Veilchen das verwandelte Veilchen, das, vom Sturm zu Boden geworfen, wie ein lebloser Soldat auf dem Schlachtfeld zerknickt im nassen Gras lag. Die Königin der Veilchen hob ihr Haupt und rief ihrer Familie zu: »Seht, meine Töchter, und sinnt darüber nach, was die Gier dem Veilchen angetan, das für eine Stunde zu einer stolzen Rose wurde. Möge euch der Gedanke an dieses Bild stets an euer Glück erinnern!«

Und die sterbende Rose rührte sich und raffte ihre letzten Kräfte zusammen und sagte leise: »Ihr seid selbstzufriedene, duckmäuserische Dummköpfe; ich habe mich noch nie vor dem Sturm gefürchtet! Gestern war auch ich satt und mit meinem Leben zufrieden, aber die Zufriedenheit war wie eine Mauer zwischen meinem Dasein und dem Sturm des Lebens, eine Hürde, die mich in einem dürftigen Frieden und trägen Behagen eingepfercht hielt. Ich hätte mich ängstlich an die Erde klammern können und weiter das gleiche Leben führen, das ihr führt. Ich hätte darauf warten können, dass der Winter mich mit Schnee bedeckt und dem Tod überantwortet, der ohne Zweifel alle Veilchen hinwegraffen wird. Jetzt bin ich glücklich, denn ich habe mich aus meiner kleinen Welt hinaus in das Mysterium des Universums gewagt – was ihr noch nie getan habt. Ich hätte mich der Gier mit ihrem weit ausschweifenderen Wesen wohl sperren können, aber als ich dem Schweigen der Nacht lauschte, hörte ich die himmlische Welt zu dieser irdischen sprechen und sagen: ›Streben über uns selbst hinaus ist der Sinn unsres Lebens.‹

In diesem Augenblick bäumte sich mein Geist auf und

mein Herz sehnte sich nach etwas Höherem als mein umgrenztes Dasein. Ich begriff, dass der Abgrund den Gesang der Sterne nicht vernehmen kann, und in dem Moment begann ich, gegen meine Kleinheit anzukämpfen und nach dem zu lechzen, was mir nicht gehörte, bis mein Aufbegehren zu einer gewaltigen Kraft wurde und mein Verlangen zu einem schöpferischen Willen. Die Natur, die der hehre Gegenstand unserer tieferen Träume ist, erfüllte mir meine Bitte und verwandelte mich mit ihren zauberkräftigen Fingern in eine Rose.«

Nach kurzem Schweigen sprach die Rose weiter und in ihrer immer matter werdenden Stimme schwangen jetzt Stolz und Befriedigung: »Eine Stunde lang habe ich als stolze Rose gelebt, für eine kurze Weile führte ich das Dasein einer Herrin. Ich habe das Weltall mit den Augen einer Rose angesehen, ich habe das Wispern des Sternenhimmels mit den Ohren einer Rose vernommen und mit Rosenblütenblättern die Falten des Gewands des Lichts berührt. Kann das sonst jemand hier von sich sagen?« Dann senkte sie ihr Haupt und keuchte mit erstickter Stimme: »Jetzt werde ich sterben, denn meine Seele hat ihr Ziel erlangt. Ich habe endlich mein Bewusstsein ausgedehnt auf eine Welt außerhalb der engen Höhle meiner Herkunft. Das ist der Sinn des Lebens ..., das ist das Geheimnis des Daseins.«

Dann zitterte die Rose, schloss langsam ihre Blütenblätter und tat ihren letzten Atemzug mit einem seligen Lächeln auf den Lippen – einem Lächeln erfüllter Hoffnung und Bestrebung, einem Siegeslächeln, dem Lächeln eines Gottes.

Der Granatapfel

Einst, als ich im Herzen eines Granatapfels wohnte, hörte ich einmal einen Samen sagen: »Eines Tages werde ich ein Baum sein, und der Wind wird in meinen Zweigen singen, und die Sonne wird auf meinen Blättern tanzen, und ich werde stark und schön sein zu allen Jahreszeiten.«

Dann sprach ein anderer Samen: »Als ich noch so jung wie du war, hing auch ich solchen Hirngespinsten nach; jetzt aber, da ich die Dinge zu wägen und zu messen weiß, begreife ich, dass meine Hoffnungen vergeblich waren.«

Und ein dritter sprach ebenfalls: »Ich sehe nichts in uns, das solch eine erhabene Zukunft verheißen könnte.«

Und ein vierter sagte: »Aber was wäre unser Leben für ein Hohn ohne eine erhabenere Zukunft!«

Sprach ein fünfter: »Wozu darüber rechten, was wir sein werden, wenn wir nicht einmal wissen, was wir sind?«

Ein sechster aber erwiderte: »Was immer wir sind, werden wir auch künftighin bleiben.«

Und ein siebter sagte: »Mir steht ein völlig klares Bild von unser aller Zukunft vor der Seele – doch kann ich's nicht in Worte fassen!«

Dann sprach ein achter – und ein neunter – und ein zehnter – und dann viele – bis schließlich alle durcheinander redeten und ich rein gar nichts mehr verstand.

Und so zog ich noch am selben Tag ins Herz einer Quitte um, wo die Samen wenig an der Zahl sind und fast nichts sagen.

Der Goldgürtel

Einst wanderten zwei Männer, die sich auf der Landstraße kennengelernt hatten, gegen Salamis, die Stadt der Säulen. Am Nachmittag gelangten sie an einen breiten Fluss, doch es gab keine Brücke. Sie mussten entweder schwimmen oder eine andere Straße suchen in unbekanntem Gelände.

Und sie sagten zueinander: »Schwimmen wir. So breit ist der Fluss schließlich nicht.« Und sie sprangen ins Wasser und schwammen.

Und einer der Männer, der seit seiner frühesten Kindheit Flüsse kannte und mit ihnen vertraut war, verlor auf halber Strecke die Kraft und begann, mit der Strömung abzutreiben; während der andere, der noch nie in seinem Leben geschwommen war, den Fluss in einem Zug durchquerte und ans jenseitige Ufer stieg. Als er dann sah, dass sein Weggefährte noch immer mit der Strömung kämpfte, stürzte er sich wieder in die Fluten und brachte ihn ebenfalls sicher an Land.

Und der Mann, der von der Strömung fortgerissen worden war, sagte: »Aber du hattest doch gesagt, du könntest gar nicht schwimmen! Wie konntest du den Fluss mit solcher Sicherheit durchqueren?«

Und der zweite Mann antwortete: »Mein Freund, siehst du meinen Gürtel? Er ist voll von Goldmünzen, die ich für meine Frau und meine Kinder verdient habe: der Lohn eines ganzen Jahres Arbeit. Es war das Gewicht dieses Goldgürtels, was mich durch den Fluss getragen hat zu meiner Frau und meinen Kindern. Und während ich schwamm, saßen meine Frau und meine Kinder auf meinen Schultern.«

Und die zwei Männer setzten ihre Wanderung nach Salamis fort.

Der einzige Weg zur Morgenröte führt durch die Nacht.

Der Wert eines Menschen liegt nicht in dem, was er erreicht, sondern in dem, was er zu erreichen strebt.

Lieber bin ich der Geringste unter den Menschen mit Träumen und dem Wunsch, sie zu verwirklichen, als der Größte ohne Träume und ohne Wünsche.

Du hast vielleicht schon vom Seligen Berg gehört.

Er ist der höchste Berg unserer Welt.

Solltest du je den Gipfel erreichen, hättest du einen einzigen Wunsch: wieder hinabzusteigen und bei denen zu sein, die im tiefsten Tale wohnen.

Deswegen heißt er der Selige Berg.

Schwellen der Erkenntnis

Der Schatten

An einem Tag im Juni sagte das Gras zum Schatten einer Ulme: »Du bewegst dich viel zu oft nach rechts und links, immer hin und her, und störst mich dadurch!«

Und der Schatten antwortete und sagte: »Nein, nicht ich. Sieh hinauf zum Himmel. Da ist ein Baum, der sich im Wind bewegt, nach Ost und nach West, immer hin und her, zwischen der Sonne und der Erde.«

Und das Gras sah empor und erblickte zum ersten Mal den Baum. Und es sagte in seinem Herzen: »Schau einer an, es gibt ein Gras, das größer ist als ich.«

Und das Gras schwieg.

Euer Herz weiß schweigend die Geheimnisse

Euer Herz weiß schweigend die Geheimnisse der Tage und der Nächte.

Doch eure Ohren lechzen nach dem Klang des Wissens eures Herzens.

Ihr möchtet in Worten erfahren, was ihr im Denken schon immer gewusst habt.
Ihr möchtet mit euren Fingern den nackten Leib eurer Träume begreifen.

Und das ist auch richtig so.
Der verborgene Quellbrunnen eurer Seele muss unweigerlich steigen und murmelnd zum Meer fließen;
Und der Schatz eurer endlosen Tiefen möchte euren Augen offenbart werden.
Doch haltet keine Waage bereit, um eure unbekannten Schätze zu wägen;
Und versucht nicht, die Tiefen eures Wissens mit Messstab oder Lotleine zu ergründen.
Denn das Selbst ist ein Meer ohne Grenzen und Maß.

Sagt nicht: »Ich habe die Wahrheit gefunden«, sondern: »Ich habe eine Wahrheit gefunden.«
Sagt nicht: »Ich habe den Weg der Seele gefunden.« Sagt: »Ich bin auf meinem Weg der wandernden Seele begegnet.«
Denn die Seele wandelt auf allen Wegen.
Die Seele geht keinen geraden Weg, noch wächst sie wie ein Schilfrohr.
Die Seele entfaltet sich, gerade so wie ein tausendblättriger Lotos.

Der Fuchs

Ein Fuchs betrachtete bei Sonnenaufgang seinen Schatten und sagte: »Heute werde ich zu Mittag ein Kamel verspeisen.« Und den ganzen Vormittag lang suchte er nach Kamelen. Doch zur Mittagszeit sah er noch einmal seinen Schatten – und er sagte: »Eine Maus wird's auch tun.«

Eine Übertreibung ist eine Wahrheit, die die Geduld verloren hat.

Geburt und Tod sind die zwei edelsten Ausdrucksformen von Kühnheit.

Unser Verstand ist ein Schwamm; unser Herz ein Fluss.

Ist es nicht seltsam, dass die meisten von uns lieber saugen als strömen?

Die Freiheit lädt uns an ihre Tafel, wo wir ihre schmackhaften Speisen und ihren schweren Wein genießen dürfen; doch kaum sitzen wir vor ihren Tellern, verlieren wir alle Beherrschung und fressen uns voll.

Wahrhaft groß ist der Mann, der niemandes Herr und niemandes Knecht sein will.

Der Spiegel der Seele

Erbarm dich, meine Seele

Wie lang wirst du noch klagen, meine Seele, wenn du doch weißt, wie schwach ich bin?

Wie lange wirst du rufen, wenn ich nur Menschenworte habe, deine Träume abzubilden?

Sieh her, meine Seele, denn ich hab mein Leben lang deinen Lehren gelauscht.

Hab Nachsicht, meine Foltermeisterin, denn deinen Spuren folgend habe ich meinen Leib verschlissen.

Mein Herz war mein Herrscher, doch nun ist es dein Sklave.

Meine Geduld war meine Vertraute, doch unter deinem Einfluss wurde sie zu meiner strengen Richterin.

Meine liebste Gefährtin war die Jugend, doch nun tadelt sie mich.

Und all dies haben die Götter über mich verhängt.

Wie kannst du mehr verlangen, und was willst du?

Ich habe mein Wesen verleugnet und die Wonnen meines Lebens aufgegeben.

Ich habe der Ehre entsagt, und einzig du verbleibst mir;

Richte also gerecht, denn Gerechtigkeit ist dein Ehrenkleid.

Oder ruf den Tod, und entlass deinen Schützling aus seinem Gefängnis.

Erbarm dich, meine Seele!

Denn du hast mir eine Liebe aufgebürdet, die ich nicht ertrage:

Du und die Liebe, ihr seid eine einzige Kraft,

Während ich und die Materie zersplittert sind in unserer Schwäche;

Und können deine Bande lange halten, so ausgespannt zwischen Kraft und Schwäche?

Erbarm dich, meine Seele!

Denn du hast mir das Glück gezeigt in weiter Ferne.

Du und das Glück, ihr lebt auf einem hohen Gipfel,

Während das Elend und ich auf dem Grund einer Schlucht vegetieren.

Können Erhabenheit und Erniedrigung jemals zusammenkommen?

Erbarm dich, meine Seele!

Denn du hast mir die Liebe offenbart und dann entzogen.

Du und deine Schönheit im Licht – die Unwissenheit und ich in der Finsternis.

Können Licht und Finsternis je Umgang miteinander pflegen?

Du, meine Seele, erfreust dich am Leben nach dem Tod, noch ehe es angekommen,

Während dieser Körper am Leben leidet, noch während er lebt.

Du näherst dich der Ewigkeit im Fluge,

Und dieser Körper schleppt sich, Schritt für Schritt, auf die Vernichtung zu.

Du säumst nicht, und er kennt keine Eile;

Und das, meine Seele, ist der größte Jammer.

Du schwebst empor, vom Himmel angezogen,

Während der Leib kraft seiner Schwere abwärtsstürzt.

Du tröstest ihn nicht, und er beglückwünscht dich nicht;

Und das ist der Groll.

Du, meine Seele, bist reich durch deine Weisheit,

Doch dieser Körper ist arm durch seine Triebe.

Du hast keine Geduld mit ihm, und er folgt dir nicht nach;

Und das ist das äußerste Elend.

Du gehst in der Stille der Nacht zum Geliebten und schwelgst in seinen Umarmungen,

Und dieser Körper bleibt für immer ein Märtyrer der Sehnsucht und der Trennung.

Erbarm dich, meine Seele; hab Erbarmen.

Was die Seele weiß, ist dem Beseelten oftmals nicht bewusst. Wir sind unendlich mehr, als wir glauben.

Die Brückenbauer

Liebt einander, aber macht aus der Liebe keine Fessel

Liebt einander, aber macht aus der Liebe keine Fessel:
Sie sei eher eine wogende See zwischen den Küsten eurer Seelen.
Füllt jeder des anderen Becher, aber trinkt nicht aus einem einzigen Becher.
Gebt einander von eurem Brot, aber esst nicht von demselben Laib.
Singt und tanzt und freut euch gemeinsam, aber gestattet einander, je für sich allein zu sein,
Gerade so, wie die Saiten einer Laute allein sind, auch wenn sie von derselben Musik erzittern.

Gebt eure Herzen, aber nicht in des anderen Gewahrsam.
Denn einzig die Hand des Lebens kann eure Herzen fassen.
Und steht zueinander, doch nicht zu dicht beisammen:
Denn die Säulen des Tempels stehen je für sich,
Und Eichbaum und Zypresse wachsen nicht jeder in des anderen Schatten.

Ihr gebt nur wenig, wenn ihr von eurer Habe gebt

Ihr gebt nur wenig, wenn ihr von eurer Habe gebt.

Wahrhaft gebt ihr erst, wenn ihr von euch gebt.

Denn was ist eure Habe anderes als Dinge, die ihr aus Furcht, ihr könntet sie morgen benötigen, aufbewahrt und bewacht?

Und morgen – was wird das Morgen dem übervorsichtigen Hund schon bringen, der Knochen im weglosen Sand vergräbt, während er den Pilgern zur heiligen Stadt folgt?

Und was ist Furcht vor Not denn anderes als Not?

Ist denn die Angst vor Durst, wenn euer Brunnen voll ist, nicht erst der Durst, den nichts je löschen kann?

Menschen gibt's, die von dem Vielen, das sie haben, wenig geben, und es nur um der Anerkennung willen tun – und ihr geheimer Wunsch macht ihre Gabe unbekömmlich.

Und Menschen gibt's, die wenig haben und es restlos hingeben.

Sie sind diejenigen, die an das Leben und des Lebens Fülle glauben, und ihre Truhen werden niemals leer.

Menschen gibt es, die voller Freude geben, und diese Freude ist ihr Lohn.

Und es gibt Menschen, die unter Schmerzen geben. Und dieser Schmerz ist ihre Läuterung.

Und Menschen gibt's, die geben und nichts vom Schmerz des Gebens wissen noch nach der Freude streben noch um der Tugend willen geben;

Sie geben so, wie die Myrte im Tal dort drüben atmend ihren Duft verbreitet.

Durch solcher Menschen Hand spricht Gott, und aus ihren Augen lächelt Er nieder auf die Welt.

Gut ist es, wenn gefragt, zu geben; besser aber, ungefragt zu geben, aus eigner Einsicht;

Und für den Freigebigen ist die Suche nach einem, der empfangen soll, eine noch größere Freude als das Geben selbst.

Und gibt es überhaupt etwas, das ihr für euch behalten könntet?

Was ihr auch habt, wird eines Tages hingegeben werden;

Gebt also jetzt, damit die Zeit des Gebens die eure sei und nicht die eurer Erben.

Oft sagt ihr: »Wohl möchte ich geben, aber nur dem, der es verdient.«

Reden die Bäume in eurem Garten etwa so oder die Herden auf eurer Weide? Sie geben, um zu leben, denn geizen heißt sterben.

Wer es wert ist, seine Tage und seine Nächte zu empfangen, ist doch wohl alles anderen würdig, was ihr ihm geben könntet.

Und wer's verdient hat, vom Lebensmeer zu trinken, verdient es auch, aus eurem seichten Bach zu schöpfen.

Und welch größeres Verdienst könnte es wohl geben als

dasjenige, das in dem Mut und dem Vertrauen, ja der Barmherzigkeit des Empfangens liegt?

Und wer bist du, dass Menschen ihr Gewand zerreißen und ihren Stolz entblößen sollten, damit du ihren Wert nackt und ihren Stolz unverhüllt sehen kannst?

Sorg erst dafür, dass du's verdienst, ein Gebender zu sein und ein Werkzeug des Gebens.

Denn in Wahrheit ist's nur dies: Das Leben gibt dem Leben – während du, der du dich für einen Gebenden hältst, ein bloßer Zeuge bist.

Und ihr Empfangenden – und Empfangende seid ihr alle – befrachtet euch nicht selbst mit Dankbarkeit, damit ihr nicht euch selbst und dem, der gibt, ein Joch aufbürdet.

Schwingt euch vielmehr auf, gemeinsam mit dem Gebenden, auf seiner Gaben Flügel.

Denn ein zu deutliches Bewusstsein eurer Schuld ist ein Zweifeln an seiner Großzügigkeit und an ihm, dessen Mutter die freigebige Erde ist und dessen Vater Gott selbst.

Der tolle Mensch

Im Garten eines Tollhauses begegnete ich einem Jüngling mit einem bleichen, schönen, von Verwunderung erfüllten Angesicht.

Und ich setzte mich neben ihn auf die Bank und ich fragte: »Warum bist du hier?«

Und er sah mich erstaunt an und er sagte: »Das ist eine unziemliche Frage; doch ich werde dir antworten. Mein Vater wollte mich zu seiner Kopie machen; ebenso mein Onkel. Meine Mutter wünschte sich mich als das Abbild ihres illustren Vaters. Meine Schwester hielt mir ständig ihren Gatten, einen Seemann, als größtes Vorbild vor. Mein Bruder meint, ich sollte sein wie er: ein wunderbarer Athlet.

Und meine Lehrer ebenso, der Doktor der Philosophie und der Maestro und der Logiker, auch sie wussten's ganz genau, und jeder hätte sich am liebsten in mir wiedererkannt wie in einem Spiegel.

Deswegen kam ich hierher. Ich halte diese Umgebung für gesünder. Zumindest kann ich hier ich selbst sein.«

Dann wandte er sich plötzlich zu mir und fragte: »Aber du – haben auch dich Erziehung und gute Ratschläge an diesen Ort getrieben?«

Und ich erwiderte: »Nein, ich bin nur ein Besucher.«

Und er sagte: »Ach so – du bist einer von denen, die im Tollhaus jenseits der Mauer leben.«

Der ansteckende Frieden

Ein blühender Zweig sagte zu seinem Nachbarzweig: »Das ist ein öder und leerer Tag.« Und der andere Zweig erwiderte: »Er ist in der Tat leer und öde.«

In diesem Moment ließ sich ein Spatz auf einem der Zweige nieder und dann, nicht weit von ihm, ein zweiter.

Und der eine Spatz tschilpte und sagte: »Mein Liebchen hat mich verlassen.«

Und der andere Spatz schrie: »Mein Liebchen ist ebenfalls weg, und sie kommt nie mehr wieder. Und was kümmert's mich?«

Dann fingen die beiden an zu zetern und zu schimpfen, und bald entbrannte ein Streit, und ihre spitzen Schreie zerrissen die Luft.

Plötzlich kamen zwei weitere Spatzen vom Himmel geflogen und setzten sich stumm neben die zwei aufgeregten. Und es trat Stille ein, und es war Frieden.

Dann flogen die vier paarweise davon.

Und der erste Zweig sagte zu seinem Nachbarzweig: »Das war ja ein mächtiges Getöse!« Und der andere Zweig erwiderte: »Nenn's, wie du willst, aber jetzt ist es friedlich, und wir haben wieder Platz, uns zu bewegen. Und wenn die höheren Regionen der Luft Frieden schließen, könnten diejenigen, die in den unteren leben, es ihnen doch wohl nachtun. Möchtest du dich nicht vom Wind ein bisschen näher an mich heranwehen lassen?«

Und der erste Zweig sagte: »Ach, warum nicht, um des lieben Friedens willen – ehe der Frühling vorüber ist.«

Und dann schwang er sich im starken Wind zu ihr hinüber und umarmte sie.

Was bedeutet, mit Liebe zu arbeiten?

Und was bedeutet, mit Liebe zu arbeiten?

Es bedeutet, den Stoff aus Fäden zu weben, die ihr eurem Herzen entspinnt, gerade so, als wäre der Stoff für euren Geliebten zum Tragen bestimmt.

Es bedeutet, ein Haus mit Zuneigung zu bauen, gerade so, als wäre das Haus für eure Geliebte zum Wohnen bestimmt.

Es bedeutet, die Saat mit Zärtlichkeit zu säen und den Acker mit Freude abzuernten, gerade so, als wären die Feldfrüchte für eure Geliebten zur Speise bestimmt.

Es bedeutet, jeglichem Ding, das ihr schafft, etwas von eurem Geiste einzuhauchen.

Und zu wissen, dass alle seligen Toten um euch stehen und zuschauen.

Die Wirklichkeit des andern liegt nicht in dem, was er euch offenbart, sondern in dem, was er euch nicht offenbaren kann.

Wenn ihr ihn also verstehen wollt, hört nicht auf das, was er sagt, sondern vielmehr auf das, was er nicht sagt.

Wie edel ist das kummervolle Herz, das gern in den Freudengesang freudiger Herzen einstimmt!

Wenn der andere dich auslacht, kannst du ihn bemitleiden; doch lachst du ihn aus, könnte es sein, dass du dir das niemals verzeihst.

Wenn der andere dich verletzt, steht es dir frei, die Verletzung zu vergessen; doch wenn du ihn verletzt, wirst du dich immer daran erinnern.

In Wahrheit ist der andere dein empfindsamstes Selbst in einem anderen Körper.

Wenn Frau Leben keinen Sänger findet, der ihr aus dem Herzen singt, bringt sie einen Philosophen hervor, der ihre Meinung sagt.

Großzügigkeit bedeutet nicht, mir das zu geben, was ich nötiger habe als du, sondern mir das zu geben, was du nötiger hast als ich.

Ein Irrer ist kein schlechterer Musiker als du oder ich; es ist nur so, dass das Instrument, auf dem er spielt, ein wenig verstimmt ist.

Meine Brüder, sucht beieinander Rat, denn darin liegt der Weg aus Irrtum und vergeblicher Reue. Die Weisheit der vielen ist euer Schild gegen die Tyrannei. Denn wenn wir einander um Rat bitten, verringern wir die Zahl unsrer Feinde.

Wenn du deinem Nächsten von deinen Sorgen erzählst, schenkst du ihm ein Stück deines Herzens. Besitzt er eine große Seele, dankt er dir; besitzt er eine kleine, achtet er dich gering.

Im Einklang mit dem Kosmos

Erst gestern hielt ich mich für ein Bruchstück, das ohne jeden Rhythmus in des Lebens Sphäre zittert.

Heute weiß ich, dass ich die Sphäre selbst bin und dass alles Leben in rhythmischen Bruchstücken in mir tanzt.

Wir sind Ausdrucksformen der Erde und des Lebens – nicht lediglich gesonderte Individuen. Wir können uns nicht weit genug von der Erde entfernen, um sie und uns als gesondert wahrzunehmen. Wir bewegen uns mit ihren gewaltigen Bewegungen und unser Wachsen ist Teil ihres gewaltigen Wachstums.

Die Bäume knospten, die Vögel sangen – das Gras war feucht – die ganze Erde glänzte. Und plötzlich war ich die Bäume und die Blumen und die Vögel und das Gras – und nirgendwo war mehr ein Ich.

Wenn du wirklich deine Augen öffnetest und schautest, würdest du dein Bild in allen Bildern sehen. Und wenn du deine Ohren öffnetest und lauschtest, würdest du deine Stimme in allen Stimmen hören.

Der Weltraum ist kein Raum zwischen Erde und Sonne für den, der aus den Fenstern der Milchstraße herabschaut.

Der Ruf der Unendlichkeit

Ihr fragt nach dem Geheimnis des Todes

Ihr fragt nach dem Geheimnis des Todes.

Aber wie könntet ihr es jemals begreifen, außer ihr sucht es im Herzen des Lebens?

Die nächtliche Eule kann mit ihren tagblinden Augen das Mysterium des Lichts nicht ergründen.

Wollt ihr wirklich den Geist des Todes erkennen, öffnet euer Herz weit für den Leib des Lebens.

Denn Leben und Tod sind eins, so wie der Fluss und die See eins sind.

Auf dem Grund eurer Hoffnungen und Wünsche ruht euer wortloses Wissen vom Jenseits.

Und wie Samen, die unter der Schneedecke träumen, träumen eure Herzen vom Frühling.

Vertraut diesen Träumen, denn in ihnen verbirgt sich das Tor zur Unendlichkeit.

Die Kunst ist ein Schritt von der Natur weg in Richtung Unendlichkeit.

Die Menschheit ist ein Fluss von Licht, das von gewesener Ewigkeit zu künftiger Ewigkeit strömt.

Bibliografie

Gibran, Khalil: The Madman (Der Narr). New York 1918
– The Forerunner (Der Vorbote). New York 1920
– The Prophet (Der Prophet). New York 1923
– Sand and Foam (Sand und Schaum). New York 1926
– Jesus the Son of Man (Jesus Menschensohn). New York 1928
– The Earth Gods (Die Götter der Erde). New York 1931
– The Wanderer (Der Wanderer). New York 1932
– The Garden of the Prophet (Die Rückkehr des Propheten). Zusammengestellt von Barbara Young. New York 1933

Gibran, Khalil: al-Musiqa (Die Musik). New York 1905
– 'Ara'is al-Murug (Die Nymphen des Tales). New York 1906
– al'Arwah al-Mutamarrida (Rebellische Geister). New York 1908
– al-'Ajniha al-Mutakassira (Gebrochene Flügel). New York 1912
– Dam'atun wa-Ibtisama (Eine Träne und ein Lächeln). New York 1914
– al-Mawakib (Der Reigen). New York 1919
– al-Awasif (Die Stürme). Kairo 1920
– al-Bada'i' wat-Tara'if (Erde und Seele). Kairo 1923

Sammelbände:

A Treasury of Kahlil Gibran. Übers. von Anthony R. Ferris. Hrsg. von Martin L. Wolf. New York 1947

A Second Treasury of Kahlil Gibran. Übers. von Anthony R. Ferris. New York 1962

A Third Treasury of Kahlil Gibran. Hrsg. von Andrew Dib Sherfan. New Jersey 1965

Beloved Prophet. The Love Letters of Kahlil Gibran and Mary Haskell. Hrsg. von Virginia Hilu. New York 1972

Mirrors of the Soul. Übers. von Joseph Sheban. New York 1965

Secrets of the Heart. Übers. von Anthony R. Ferris. New York o.J.

Spiritual Sayings. Übers. und hrsg. von Anthony R. Ferris. New York 1970

The Voice of the Master. Übers. von Anthony R. Ferris. New York 1967

Thoughts and Meditations. Übers. von Anthony R. Ferris. New York 1968